Love

Puppies

Milly Brown

summersdale

LOVE PUPPIES

Summersdale Publishers Ltd
46 West Street
Chichester
West Sussex
PO19 1RP
UK
www.summersdale.com

Printed and bound by Tien Wah Press, Singapore

All images © Shutterstock

ISBN 13: 978-1-84024-689-6

We all need **love**

Just
hanging
out

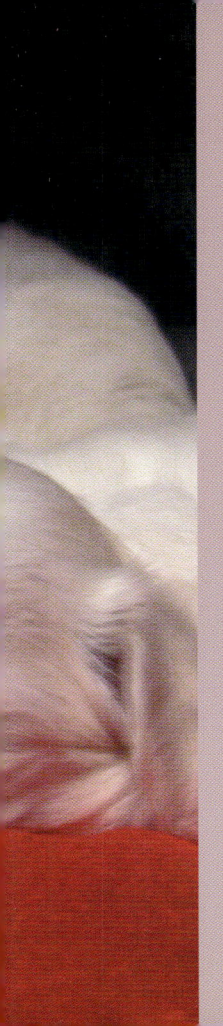

Spend **time** with those who mean **most** to you

Revel in the great outdoors

Every **season** brings its **special** pleasures

Did you bring
a **map?**

Never lose your **sense** of adventure

It's a big,
wide **world**
out there

I might look
sweet, but I'm
dangerous

Enjoy a little **luxury** sometimes

Come bearing **gifts**…

Brotherly
love

Walk on the
wild side

Only take what you **need**

Some days are **tougher** than others

Watch the world go by

Appreciate
those **blue-sky** days

Practice makes
perfect

Just **one** kiss…

Appreciate
the little things
in **life**

The **more**
the **merrier**

Press the snooze button

Are you
dreaming of
rabbits?

I know I'm **cute**

There's **room** for **everyone**

It's a **dog's** life

Life is a
balancing act

Did you **bring** a bucket and **spade?**

Hold me

There's **safety** in numbers

Take the **plunge**

If at **first**
you don't
succeed…

Take **care** of those you **love**

Life in the **pink**

Take on new **challenges**

There's always **time** for an afternoon **nap**

Forget about the ironing

Take time to
smell the
flowers

Feel the **leaves**
underfoot

Life **brings** many **surprises**

Put a **spring** in your step

Size isn't everything

Can you **touch** your **nose** with your tongue?

Are we **meant** to sit **still** for this photo?

Thanks for the chat, **Dad**

Remember your true friends

www.summersdale.com